Inhalt

Wenn Führungskräfte führen üben - Probezeiten und Simulationen verschaffen Klarheit über das eigene Potenzial

Kernthesen

Beitrag

Fallbeispiele

Weiterführende Literatur

Impressum

Wenn Führungskräfte führen üben - Probezeiten und Simulationen verschaffen Klarheit über das eigene Potenzial

R.Reuter

Kernthesen

- Die Unternehmen in Deutschland lassen sich immer mehr einfallen, um in den eigenen Reihen Führungstalente aufzuspüren.

- In Simulationen und Tests können diese zeigen, dass sie das Potenzial für eine leitende Tätigkeit haben.
- Insbesondere im öffentlichen Dienst darf das Führen sogar praktisch geübt werden. Der "Chef auf Probe" scheint jedoch kein Modell für die Privatwirtschaft zu sein.

Beitrag

Wer kann führen?

Nicht alle, die führen wollen, sind dafür auch tatsächlich geeignet. In den Unternehmen ergibt sich daraus das Problem, dass Führungskräfte dies zu spät bemerken und dann am liebsten wieder zurück in ihre alte Position wechseln würden. Eine Unternehmensberatung hat darum einen Test entwickelt, der führungswilligen Mitarbeitern Hinweise darauf gibt, wie sie mit den Anforderungen einer leitenden Stellung fertig werden würden. Doch auch der umgekehrte Weg kann durch solche Tests beschritten werden. So sind Mitarbeiter infolge ihres starken Willens und großen Ehrgeizes oft zur Führung geeignet, obwohl sie die fachliche Qualifikation für den Posten nicht mitzubringen scheinen. Auch solchen versteckten Potenzialen versuchen Beratungsunternehmen durch Tests auf die Spur zu kommen. (1)

Freude an der Verantwortung

Erste Hinweise darauf, ob jemand später als Führungskraft geeignet sein könnte, gibt bereits die Kindheit. "Führungskräfte werden diejenigen, die schon im Kindergarten das Spielzeug weggeräumt und später in der Schule als Klassensprecher kandidiert haben", sagt etwa eine Personalberaterin. Hieran zeige sich schon früh eine Freude an der Verantwortung, die sich darin manifestiere, für andere handeln zu wollen. Zudem müssen Führungskräfte Spaß daran haben, Entscheidungen zu treffen und Beziehungen zu knüpfen. Unabhängig davon sehen Psychologen und Personalberater den Mitarbeiter selbst in der Pflicht, zu hinterfragen, ob ihn nur das Prestige lockt oder ob er in einer leitenden Position wirklich Erfüllung finden würde. Diese Selbstreflexion gilt darum als eine besonders wichtige Eigenschaft auf dem Weg in die Verantwortung. (1)

Orientierungscenter verschafft Klarheit

Um Aufstiegswilligen Klarheit darüber zu verschaffen, ob der anvisierte Chefsessel nicht doch eine Nummer zu groß sein könnte, hat die Versicherungsgesellschaft Deutscher Ring ein spezielles Programm aufgelegt. Das "Orientierungscenter" ist eine Simulation für zehn Teilnehmer, an der auch Vorgesetzte und Vertreter der Personalabteilung beteiligt sind. Die Führungskräfte geben vor, welche Aufgaben ein Teilnehmer bewältigen soll, die Personaler nehmen die Leistungen unter die Lupe. Direkt nach der Übungssequenz gibt es ein Feedback. Das Planspiel versucht, auf sehr realistische Art die Arbeitsbedingungen einer Führungskraft zu simulieren. Die Kandidaten sitzen in einem großen Büro, haben einen Informationsvorsprung, verfügen über ein virtuelles Budget und haben Mitarbeiter, die ihnen zuarbeiten. Alle Teilnehmer wechseln sich in ihren jeweiligen Rollen ab. Jeder mimt mal den Chef, mal einen untergeordneten Mitarbeiter. (2)

Selbsterkenntnis statt Schmach

Da die Simulation fest in die Unternehmenskultur eingebunden ist, wird ein Scheitern nicht als Schmach empfunden. Stattdessen sorgt das Orientierungscenter für eine Selbsterkenntnis, die auch solchen Mitarbeitern hilft, die mit dem

Gedanken an eine Führungsposition nur gespielt haben. Überdies wird den Kandidaten klar, dass der Job als Manager in der Praxis oft viel weniger Glamour mit sich bringt, als von vielen gedacht. Laut Personalberatern geht es im Arbeitsalltag einer Führungskraft nämlich nur zu 30 Prozent um Unternehmensentscheidungen oder um die strategische Ausrichtung. Stattdessen dominiere der "Innendienst", das heißt die nur wenig Ehre bringende Führungsarbeit innerhalb der Abteilung. So müssen die Testteilnehmer des Deutschen Rings beispielsweise ein Mitarbeitergespräch mit einem fingierten Alkoholiker führen, Aufgaben verteilen, plötzliche Aufträge der Geschäftsleitung abarbeiten, Ziele erreichen oder demotivierte Mitarbeiter wieder aufbauen. Diese von den Erfindern als "verdichtete Führung" bezeichnete Testphase führt manchen Kandidaten an seine Grenzen, erzeugt Stress und fördert so das Wissen um die eigenen Stärken und Fähigkeiten.

Etwa 60 Teilnehmer haben das Orientierungscenter bisher durchlaufen. 25 erhielten eine klare Rückmeldung für eine Führungseignung, zehn Mitarbeiter arbeiten heute in einer Führungsposition. Die Maßnahme gilt daher als außerordentlich erfolgreich, weil sie es überflüssig machte, außerhalb der eigenen Firma nach Führungspersonal suchen zu müssen. (2)

Führungskraft auf Probe

Während die "Führungskraft auf Probe" in der freien Wirtschaft noch die Ausnahme ist, kennt der öffentliche Dienst dieses Rekrutierungsinstrument schon länger. Seit 1997 können Beamte für zwei Jahre in eine Leitungsfunktion aufsteigen und diese wieder gegen die alte Position eintauschen, wenn sie sich überfordert fühlen. Personalberater geben allerdings zu bedenken, dass eine solche Verfahrensweise in der freien Wirtschaft, anders als im Staatsdienst, kaum möglich sei. Während bei den Beamten die Rückkehr in eine niedrigere Dienststellung nicht als Beinbruch gelte, wäre dies in einem Unternehmen mit zu großem Ansehensverlust verbunden. Der Gesichtsverlust einer zurückgestuften Führungskraft wäre so groß, dass sie auch auf dem niedrigeren Posten nicht mehr Fuß fassen könne. Meist bleibe dann nur der Wechsel in ein anderes Unternehmen - was aber auch schwierig sei, da der neue Arbeitgeber meistens Erklärungen für die Zurückstufung haben wolle. Zudem hätten es auch die in der Probephase befindlichen Führungskandidaten nicht leicht, weil ihr ungesicherter Status die Autorität unterhöhle. Die Berater empfehlen darum, den Führungskandidaten kommissarisch in die Leitungsfunktion zu heben, da der mögliche Übergangscharakter hierdurch psychologisch weniger folgenreich sei. (2)

Trends

Gute Chancen für Akademiker

Maschinenbauer, IT-Firmen, Banken und Unternehmensberatungen suchen verstärkt nach akademischem Nachwuchs. Die Jobaussichten für Universitätsabsolventen sind also so gut wie seit langem nicht mehr. Außerdem verbessern sich durch diese Entwicklung die Chancen von Jungakademikern, schon in jungen Jahren Verantwortung als Führungskräfte zu übernehmen. Nach Aussage von Experten werden bis 2015 jährlich 70 000 bis 80 000 neue Ingenieure gebraucht. 18 000 offene Stellen hat der IT-Branchenverband Bitkom gemeldet. Die Ärztevertretung Marburger Bund geht von 10 000 fehlenden Ärzten in Deutschland bis 2015 aus. (3)

Fallbeispiele

Wege für Talente

Ein dem Programm des Versicherungskonzerns Deutscher Ring vergleichbares Maßnahmenpaket hat der Flugzeughersteller Airbus aufgelegt. Das Unternehmen startete im Sommer den "Talent-Weg", bei dem herausragende Mitarbeiter in einem Trainingszentrum 18 Monate lang in unterschiedlichen Zusammenhängen lernen, wie man führt. Neu ist auch das "Senior-Talent"-Programm, mit dem sowohl intern als auch außerhalb Führungskräfte gewonnen werden sollen. Den talentierten Kandidaten wird die Leitung brachliegender Projekte übertragen. Wer sich bewährt, kann nach 18 Monaten in eine Führungsposition wechseln. (2)

Einzelhandel sucht Führungskräfte

Auch im Einzelhandel werden geeignete Führungskräfte immer knapper. Die Firma Euronics hat darum eine eigene Führungskräfteakademie gegründet. Beim Filialisten "Dänisches Bettenlager" gibt es seit zwei Jahren ein spezielles Förderprogramm, mit dem erfahrene Verkaufsmitarbeiter zu Filialleitern geschult werden. (4)

Hotellerie setzt auf Motivation

Im Hotelgewerbe wird darüber diskutiert, was eine Fachführungskraft eigentlich können muss, um in dieser Branche erfolgreich zu sein. Eine Umfrage ergab, dass nur 55 Prozent der Branchenvertreter ein Studium für wichtig erachten. Prinzipiell gilt eine akademische Ausbildung damit als weniger relevant. Am stärksten gefragt ist hohe Motivation. Kempinski-Vorstand Markus Semer sieht es so: "Die jungen Leute müssen für ihren Job brennen." (5)

Kaufland bricht Rekorde

Kaum ein Handelsunternehmen wächst derzeit so schnell wie die Großmarktkette Kaufland. Bis zu vierzig neue Märkte eröffnet der Händler jährlich. Auch bei der Rekrutierung der hierfür notwendigen Führungskräfte legt das Unternehmen Rekordzahlen hin. Etwa 50 Hochschulabsolventen hat Kaufland alleine in diesem Jahr bereits eingestellt. (6)

Weiterführende Literatur

(1) Erst Klassensprecher, dann Manager
aus Frankfurter Allgemeine Zeitung, 25.09.2010, Nr. 223, S. C1

(2) Führen auf Probe
aus Frankfurter Allgemeine Zeitung, 10.07.2010, Nr.

157, S. C1

(3) Goldene Zeiten für den Nachwuchs
aus Handelsblatt Nr. 235 vom 03.12.2010 Seite 70

(4) Reif für die Handelswelt
aus Der Handel Nr. 10 vom 06.10.2010 Seite 076

(5) Theorie versus Praxis
aus Allgemeine Hotel- und Gastronomie-Zeitung Nr. 13 vom 27.03.2010 Seite A02

(6) Kaufland fördert junge Karrieren
aus Lebensmittel Zeitung 18 vom 07.05.2010 Seite 003

Impressum

Wenn Führungskräfte führen üben - Probezeiten und Simulationen verschaffen Klarheit über das eigene Potenzial

Bibliografische Information der deutschen Nationalbibliothek

Die Deutsche Nationalbibliothek verzeichnet diese Publikation in der deutschen Nationalbibliografie; detaillierte bibliografische Daten sind im Internet über http://dnb.d-nb.de abrufbar.

ISBN: 978-3-7379-0240-3

© 2015 GBI-Genios Deutsche Wirtschaftsdatenbank GmbH, Freischützstraße 96, 81927 München, www.genios.de

Alle Rechte vorbehalten. Dieses Werk ist einschließlich aller seiner Teile – z.B. Texte, Tabellen und Grafiken - urheberrechtlich geschützt. Jede Verwertung außerhalb der Grenzen des Urheberrechtsgesetzes bedarf der vorherigen Zustimmung des Verlags. Dies gilt insbesondere auch für auszugsweise Nachdrucke, fotomechanische Vervielfältigungen (Fotokopie/Mikroskopie), Übersetzungen, Auswertungen durch Datenbanken oder ähnliche Einrichtungen und die Einspeicherung und Verarbeitung in elektronischen Systemen.